Conocimientos Generales

1. Si no está seguro de que usar para apagar un incendio de materiales peligrosos debería:

Esperar a bomberos calificados"

2.Sobre poner en reversa un vehículo pesado:

Debería prevenir hacer reversa siempre que pueda"

3.Que debe tener en cuenta sobre otros conductores?:

Conductores de corto tiempo o de camiones de renta no están acostumbrados a la visibilidad limitada y son un peligro"

4.Que NO se revisa durante una revisión previa a un recorrido?:

Cuanto combustible hay en el vehículo"

5. Carga transportada en contenedores:

Es generalmente usada cuando el flete es cargado parte del recorrido por ferrocarril o barco"

6. Camiones y autobuses son sujetos a ciertas leyes, regulaciones y restricciones?:

Leyes y restricciones pueden variar de lugar a lugar

7.Sobre inspecciones antes del recorrido:

Si necesita empinar la cabina, asegure cosas sueltas para que no caigan y rompan algo"

8. La causa principal de choques mortales es:

EN EL MANUAL DICE (Manejar demasiado rápido)"

*Se han dado casos donde en la misma pregunta la respuesta fue (Manejar mientras se come)"

9. La mayoría de las patinadas:

A. Son causadas por manejar demasiado rápido o intentar parar demasiado rápido"

10.Cuál de estos es la manera adecuada de señalar el cambio de carriles?:

Señale temprano, y cambie carriles lento y suavemente"

11. Para prevenir desgaste de freno, usted debería:

Escoger un cambio de velocidad que mantenga su vehículo a velocidad segura en pendientes empinadas"

12. Usted se prepara para una inspección previa a un recorrido y revisa sus llantas y rines (rims).

Si ve (Oxido) alrededor de las tuercas de la llanta significa que están sueltas"

13.Pueden revisar a su autobús o camión los inspectores estatales?:

Sí, y lo pueden sacar de servicio si es inseguro"

14.Al manejar en la noche, debería usar sus luces bajas cuando viene un vehículo hacia usted, al alcance de: (500 pies)

15.Sobre una inspección de componentes?:

Montajes de eje, deben ser verificados en cada punto dónde están asegurados en la estructura del vehículo y el eje"

16.Sobre mantenerse alerta?:

Dormir es la única cosa que puede superar la fatiga"

17.Sobre librar objetos por encima (altura) de su vehículo:

Recuerda (El peso de la carga puede cambiar la altura de su vehículo (su altitud)"

18.Sobre bajar el cambio de velocidad?:

Cuando baje cambio para una curva, usted debería hacerlo antes de entrar a la curva"

19.Si no tiene un radio CB, ¿cuál es la primera cosa que debería hacer en un sitio de accidente?:

Proteger el área"

20.Sobre patinadas del manejo de las llantas traseras?:

En vehículos con tráiler, el tráiler puede empujar el vehículo en remolque al lado"

21.Cuáles NO proveen cambios de velocidad (engranes) extra en algunos camiones?

Transmisiones automáticas"

22.La distancia por la que debería ver hacia adelante de su vehículo iguala a, aproximadamente:

1/4 de milla a velocidad de carretera"

23.Sobre manejar en tiempo frío?:

Debería de ser usado Anticongelante y limpiador de parabrisas"

24.Que debería hacer antes de manejar en montañas?:

Conocer la ubicación de rampas de escape en su ruta"

25. Si es que tiene un coche demasiado cerca a la parte de atrás de su vehículo, debería:

Subir (aumentar) su distancia de seguimiento"

26.Sobre el manejo de velocidad?:

Cuando el camino está resbaloso, le tomará más tiempo parar y será más difícil dar vuelta sin patinarse"

27. Su vehículo está en una emergencia de tráfico y puede chocar con otro vehículo si no toma acción. ¿Cuál es una buena regla que debemos recordar en tales tiempos?:

Casi siempre puede dar vuelta para evadir un obstáculo más rápido, en lugar de parar"

28.Para ayudarle a estar alerta mientras maneja debería:
Tomar descansos cortos antes de que le de, sueño"

29.Fórmulas de puente:

Permiten menos peso máximo de ejes para ejes que están cerca de uno a otro"

30.Cuando pasa a otro vehículo, peatón, o ciclista debería de suponer que:

Pueden moverse a su carril"

31. La distancia que debería de ver hacia adelante de su vehículo al estar manejando es aproximadamente:

1 cuadra a velocidades lentas"

32. Cuando los frenos hidráulicos (hydraulic brakes) fallan mientras maneja, el sistema no aumentará en presión y el pedal se sentirá esponjoso, o se moverá hacia el piso. ¿Qué acción debería tomar en este caso?:

Bombee el pedal del freno para generar presión"

33.Cuál de estos NO es verdad sobre frenar en una situación de emergencia?

(Deben fijarse bien en este tipo de preguntas, está preguntando cuál es la respuesta falsa)?????: obviamente la falsa es la (A) ya que (B Y C) Es lo que nos dice el manual que debemos de hacer.

*A. No es importante cómo frene en una situación de emergencia"

B. Debería frenar en una manera que mantenga su vehículo en una línea derecha (recta)"

C. Debería evitar usar los frenos hasta que su velocidad sea más baja que 40 mph"

34.Cuáles tres cosas igualan a la distancia total de alto para su camión o autobús?

Distancia de percepción, distancia de reacción, y distancia de freno"

35.Usted puede ver una señal en un vehículo enfrente de usted, La señal es un triángulo rojo con un centro anaranjado. ¿Qué quiere decir la señal?

Puede ser un vehículo lento"

36.A cuáles incendios se les puede poner agua?

Incendios de llantas

37.Carteles deben ser:

Puestos en los cuatro lados del vehículo"

38.Cual de estas oraciones sobre doble embrague y cambios de velocidad es verdadera?:

A. Doble-embrague debería usarse solamente con un peso alto"

*B. Puede usar el taquímetro para que le avise cuando haga cambio"

C. Doble-embrague no debería usarse cuando el camino está resbaloso"

LA RESPUESTA CORRECTA ES: B"

39.El sistema que debería recibir atención extra durante una inspección en tiempo de invierno es?:

Sistemas de (Escape)"

40.Cuál de estos NO es un peligro cuando una transmisión automática es forzada a un cambio de velocidad más bajo en una velocidad alta?:
(Presten atención a este tipo de preguntas)

A. Daño a la transmisión

*B. Pérdida de control del volante

C. Perdida del efecto de freno del motor

LA RESPUESTA CORRECTA ES: B"

41. ¿Para determinar la Concentración de Nivel de

Alcohol (Blood Alcohol) Concentration o BAC) para una persona, es necesario saber?:

Cuánto pesa la persona"

42.Cuál de estos debería ser probado mientras el vehículo está parado?:

Freno hidráulico"

43.En mal tiempo, muchos conductores se le pegan al trasero de los vehículos grandes. ¿Qué debería hacer?:

Incrementar su distancia de seguir para que pueda evitar la necesidad de hacer un cambio repentino"

44.Rampas de escape de camiones?:

Ayudan a evitar perjuicio (daño) a los vehículos"

45.Cuál de estos es correcto sobre acciones de emergencia o evasivas?:

*A. Para poder dar vuelta rápido, debe de tener agarrado el volante firmemente"

B. Parar siempre es la cosa más segura que hacer en una emergencia"

C. Generalmente pueden parar más rápido que dar vuelta para esquivar un obstáculo"

(Según el manual)
LA RESPUESTA CORRECTA ES: A"

46.Que debería hacer al ver un obstáculo peligroso en

la carretera adelante?

Use sus intermitentes o luces de freno para advertir a
los demás"

47.Distancia de percepción es la distancia en cuál su
vehículo viaja al tiempo que?:

Los ojos ven un peligro, al tiempo que su cerebro sabe
que es un peligro"

48.Cuál de estas (NO) es uso correcto de las luces del
vehículo?:
(Presten atención a este tipo de preguntas)

A. Prender las luces durante el día en que la
visibilidad está reducida por la lluvia o la nieve"

B. Poner las luces intermitentes de freno (flash) para
alejar a alguien de su trasero"

C. Poner las luces intermitentes de freno para
advertirle a alguien que está disminuyendo velocidad"

(Según el manual)
LA RESPUESTA CORRECTA ES: B"

49.Uno puede reconocer materiales peligrosos al mirar
que objeto en el contenedor?:

La etiqueta"

50.El camino en que está manejando se hace muy
resbaloso a causa de hielo. ¿Qué es lo correcto que hay
que hacer en tal situación?

Deje de manejar tan pronto como pueda hacerlo de una
manera segura"

51.Un vehículo comercial?:

Siempre es peligroso"

52. Cuál de estos NO es una buena regla que seguir para cuidar lastimados (víctimas) de un accidente?:

A. Mueva a la gente gravemente lastimada si es que hay peligro"

B. Si es que una persona calificada está ayudando puede que le pida su ayuda"

C. Mantener a la gente gravemente lastimada en temperatura fresca"

 LA RESPUESTA CORRECTA ES: C":

53. Dónde o cómo se usa bloqueo de carga?

En el frente, atrás, y/o en los lados de la carga.

54. ¿Debería señalar continuamente al dar vuelta, por qué?:

Necesita las dos manos en el volante para dar vuelta seguramente"

55. ¿Está manejando en una carretera derecha y similar a 50mph no hay vehículos en el frente de usted de repente una llanta se le poncha a su vehículo, que debería hacer primero?:

Empiece a frenar suavemente"

56.Cuál de estos No es característico de una falla de llantas delanteras?:

A. Virar con dificultad.
B. Torcer el volante.
*C. La parte trasera del vehículo se colea (fishtail).

57.Cuál de estas oraciones sobre una inspección de componentes es verdadera?

Montajes de eje deben ser verificados en cada punto dónde están asegurados en la estructura del vehículo y el eje"

58. ¿Carga de demasiada longitud, demasiada amplitud, y demasiado peso?:

Requiere permiso especial de tránsito.

59.Conductores de camiones y tractores de camión con carga deben verificar que la carga está bien asegurada dentro de las primeras?:

25 millas de un recorrido"

60. ¿Si tiene una carga pesada que lo está forzando a viajar más lento en una subida, debería?:

Poner un cambio de velocidad más bajo"

61.Los mejores conductores son esos que mantienen suficiente alerta para parar en cualquier peligro?:

Están a la defensiva"

62.Según el manual de conductores (driver's manual) porque debería limitar el uso de su bocina?:

Puede asustar a otros conductores"

63. ¿Cómo una primera ofensa de manejar un vehículo comercial bajo la influencia del alcohol o droga, perderá su CDL por lo menos?:

1 año"

64. Cuando haya un incendio de vehículo quite los vehículos de la calle y ?:

Llame a los servicios de emergencia"

65.Cuando está revisando sus llantas previo a un recorrido. ¿Cuál de estos es verdadero?:

A. Llantas radiales y bias-ply pueden ser usadas juntas en el mismo vehículo"

*B. 4/32 de pulgada en los surcos en el dibujo de las llantas es seguro para las llantas delanteras"

C. Llantas de diferente tamaño pueden ser usadas en el mismo vehículo"

(Según el manual)
LA RESPUESTA CORRECTA ES: B":

66.Debería intentar estacionarse de forma que?:

Se pueda mover hacia adelante cuando se vaya.

67.Cuál de estas piezas de equipo de emergencia deben ser cargadas en su vehículo?

Artículos de advertencia para vehículos estacionados"
                    ":

68. Usted revisa sus sistemas de dirección y de escape, durante una inspección previa a un recorrido. ¿Cuál de estos problemas, si se encuentra, debe ser reparado antes de guiar el vehículo?:

A. Aceite en el 'tie rod'"

B. El volante tiene libertad de movimiento de 10 grados (2 pulgadas en un volante de 20 pulgadas)"

C. Humo gris sale del tubo de escape"

(Según el manual)
LA RESPUESTA CORRECTA ES: B"

69.Cual es la manera correcta de agarrar el volante?:

Con las dos manos en el lado opuesto del volante"

70.Cuál de estas oraciones sobre ciertos tipos de carga es verdad?:

A. Cuando líquidos sean transportados, el tanque siempre debería estar lleno completamente"

*B. Cargas inestables como carne colgante o ganadería puede requerir precaución extra en curvas"

C. Cargas demasiado grandes pueden ser transportadas sin permisos especiales durante tiempos que las calles no están ocupadas"

(Según el manual)
 LA RESPUESTA CORRECTA ES: B"

71. ¿Si es que tiene un coche demasiado cerca a la parte de atrás de su vehículo, debería?:

Subir (aumentar) su distancia de seguimiento"

72. ¿Si es posible, un ayudante debería ser usado para que mueva en reversa su vehículo?:

Siempre que tenga que moverse en reversa"

73.Que oración es verdadera sobre el uso de freno de motor?:

*A. NO debería usar freno de motor como la principal manera de controlar su velocidad"

B. Crea calor extra entre las zapatas de freno (brake shoes) o los 'pads' y los tambores (drums) o discos (disks)"

C. El uso de frenos en una bajada agrega el efecto de freno de motor"

(Según el manual)
LA RESPUESTA CORRECTA ES: A"

74.Cual de estas oraciones sobre frenos es verdadera?:

A. Desvanecimiento del freno (brake fade) no es causado por el calor"

B. Tambores de freno (brake drums) se enfrían rápidamente cuando el vehículo corra más rápido"

*C. Entre más pesado que sea el vehículo o lo más

rápido que corra, más calor los frenos tendrán que
absorber al pararlo"

LA RESPUESTA CORRECTA ES: C":

75.Usted debería aplicar los frenos para prender las
luces intermitentes de los frenos sí?:

Está a punto de salir de la carretera y necesita bajar
la velocidad"

76.Si tiene que hacer un reporte de inspección del
vehículo debe firmarlo?:

Cuando cualquier defecto sea notado, aunque sea
certificado para ser reparado, o no necesite ser
reparado"

77.Que es lo primero que debería hacer si le fallan los
frenos al bajar una pendiente?:

Salirse de la calle lo más pronto posible"

78.Como afecta el peso del vehículo al parar?:

Camiones vacíos pueden tardarse más en parar que si
estuviera lleno"

79.Al empezar el movimiento de subida en una pendiente
desde una parada?:

Suelte el freno de mano mientras aplica poder al motor"

80.Que pasa mientras la Concentración de Alcohol en la
sangre o BAC (Blood Alcohol Level) sube?

El juicio y el control propio, es afectado"

81.El manual de conductores (Driver's Manual) sugiere
varias cosas que hacer cuando pase a un vehículo. ¿Cuál
de estos NO es verdad?:
(Ojo con este tipo de preguntas, quieren la respuesta
falsa)

A. Ligeramente toque la bocina

B*. Suponga que el otro conductor lo ve

C*. En la noche prenda sus luces altas antes de que
empiece a pasar y déjelas prendidas hasta que haya
pasado el vehículo completamente"

LA RESPUESTA CORRECTA ES: B"

82.Usted está poniendo su vehículo en marcha. ¿Al
aplicar fuerza a las llantas de manejo, empiezan a
patinar, usted debería?:

Quitar el pie del acelerador"

83.Una parada completa es requerida en un área de cruce
de ferrocarril cuándo?:

El tipo de carga hace que la parada sea obligatoria
bajo regulaciones del estado o Federales"

84.Que vehículo tendrá mayor dificultad en mantenerse
en su carril durante vientos altos?:

A. Un tractor jalando un tráiler (flatbed) lleno"

B. Un vehículo de triple eje con carga"
C*. Un doble con tráiler vacíos"

LA RESPUESTA CORRECTA ES: C"

85.Vientos altos afectan más el manejo?:

Al salirse de un túnel"

86.Cuando estén resbalosas las calles usted debería?:

Dar vuelta lo más delicadamente posible"

87.Freno controlado?:

Es usado para mantener un vehículo en línea recta si es
necesario"

88.Está manejando un vehículo a 55 mph en pavimento
seco. ¿Aproximadamente cuánta distancia total,
necesitará para pararlo completamente?:

La longitud de un campo de futbol (100 yardas o 300
pies)"

89. ¿Si sus frenos le fallan en una pendiente, debería
primero?:

Ver afuera de su vehículo y buscar otra manera de
reducir la velocidad"

90. Usted necesita al menos?

4/32 pulgadas de profundidad en cada surco de sus
llantas delanteras"

91.Que tan lejos hacia adelante de su vehículo debería ver un conductor mientras maneja?:

12 a 15 segundos"

92.Cual de estas oraciones sobre llantas es verdadera?:

*A. Debería verificar sus llantas cada 2 horas o cada 100 millas al manejar en tiempo muy caliente"

B. Si las llantas están demasiado calientes para tocar deje 5 a 10 libras de presión de aire que se escape para enfriarlas"

C. La presión de aire en una llanta baja cuando la temperatura de la llanta sube"

(Según el manual)
LA RESPUESTA CORRECTA ES: A":

*93. ¿Cuál de estas oraciones No es verdad sobre bandas de motor en tiempo caliente?:
            "ojo con la pregunta"

A. Bandas sueltas no voltearán la bomba de agua o ventilarán adecuadamente"

B. Puede verificar lo apretado de sus bandas al presionarlas"

*C. Grietas pueden ocurrir, pero esto no es peligroso a su seguridad"

(Según el manual)
LA RESPUESTA CORRECTA ES: C"

94.Cual de estas Es verdad sobre el uso propio de un volante?:

A. Solamente cuando intente una vuelta difícil debe mantener las dos manos en el volante"

B. Solo cuando alcance velocidad de manejar o (crusier speed) en la carretera puede manejar con una mano en el volante"

*C. Si no tiene las dos manos en el volante la llanta podría desviarse de usted"

(Según el manual)
LA RESPUESTA CORRECTA ES: C"

95.Las medicinas usadas para curar el (resfriado)o catarro?:

Seguido dan sueño y por eso no deberían ser usadas mientras maneja"

96.Cual de estas oraciones sobre empaque de carga Es verdad?:

A. Si la carga es empacada por el remitente el conductor no es responsable por sobre cargar"

B. El peso máximo legal permitido por un estado puede ser considerado seguro para todas las condiciones de manejo"

*C. Leyes estatales imponen límites de peso"

(Según el manual)
LA RESPUESTA CORRECTA ES: C"

97. ¿Para corregir una patinada, drive wheel debería?:

Parar de frenar, dar vuelta rápidamente y contragire o
countersteer"

98. ¿No tiene una aprobación de materiales peligrosos
en su licencia de conductor comercial, Puede manejar un
vehículo cargando materiales peligrosos cuándo?:

El vehículo no requiera carteles"

99.Que mantiene la presión de aire en el sistema de
frenos de aire?:

La banda del compresor de aire"

100.Al manejar por zonas de trabajo usted debería?:

Tener cuidado con baches empinados"

101.Para prevenir desgaste de freno usted debería?:

Escoger un cambio de velocidad que mantendrá a su
vehículo en una velocidad segura en pendientes
empinadas"

102.Cual de estas luces no puede ser verificadas al
mismo tiempo?:

Luces direccionales luces de freno e intermitentes de 4
direcciones o four way flashers"

103.Cual oración Es verdadera?:

A. La mayoría de los peligros son más fáciles de ver en
la noche que durante el día"

B. La mayoría de la gente está más alerta durante la
noche que durante el día"

*C. Muchos accidentes de vehículo pesado ocurren entre
media noche y las 6 am"

(Según el manual)
LA RESPUESTA CORRECTA ES: C"

104.Si es forzado a regresar al camino antes de parar
en el acotamiento la mejor manera de hacer esto es?:

Usando sus espejos y señales direccionales, de vuelta
agudamente para regresar al camino"

105.Cuál de estos No es algo que debería hacer si sus
faros no están trabajando adecuadamente?:
(Cuidado con este tipo de preguntas)

A. Limpiar sus faros"

*B. Dejar prendido sus luces altas"

C. Ajustar sus faros"

LA RESPUESTA CORRECTA ES: B":

106. ¿Está manejando un vehículo pesado con transmisión
manual y tiene que parar el vehículo en el acotamiento
o lado de la carretera mientras maneja en una subida,
cual es una buena regla a seguir al ponerse en
movimiento y continuar la subida?:

Usar el freno de mano para detener el vehículo hasta

que el embrague entre en cambio"

107.Cuál de estas ocurre cuando una llanta se poncha a velocidad de carretera?:

A. Un silbido"

*B. Un sentimiento de vibración"

C. Una rápida caída de velocidad a menos de 20 mph"

(Según el manual)
LA RESPUESTA CORRECTA ES: B":

108. ¿En su espejo usted ve un carro acercándose por la parte trasera de su carro, la próxima vez que cheque su espejo no ve el carro, si quiere cambiar de carriles debería?:

Esperar a cambiar carriles hasta que este seguro que el carro no está en su punto ciego"

109.Retardadores o (retarders)?:

Pueden causar que las llantas de manejo se patinen cuando tienen mala tracción"

110.Usted siempre debería de prender sus intermitentes de 4-direcciones de emergencia (4-way emergency flashers) cuando?:

Se estacione en el lado de la calle"

111.Entrar a otro carril o (margin) es más seguro si usted?:

Espera por una abertura (espacio) lo suficientemente

grande para entrar al carril"

112. La mayoría de las patinadas serias son el resultado de?:

Manejo demasiado rápido para las condiciones de manejo"

113.Cual de estas Es una cosa buena que recordar sobre tomar alcohol?:
(Cuidado con este tipo de preguntas)

A. El conductor puede controlar, que tan rápido se deshace el cuerpo del alcohol"

*B. El alcohol primero afecta su juicio y control propio que son necesarios para manejar de una manera segura"

C. Cantidades pequeñas de alcohol le mejoran su tiempo de reacción"

(Según el manual)
LA RESPUESTA CORRECTA ES: B":

114.Cual de estos Es el peligro de cruzar carriles de ferrocarril en caminos de tierra"
(Cuidado con este tipo de preguntas)

A. Sus llantas se pueden hundir en la tierra y no poder cruzar los ferrocarriles"

B. La tierra debajo de los ferrocarriles puede no ser estable"

*C. Se puede atorar a medias de los ferrocarriles"

(Según el manual)
LA RESPUESTA CORRECTA ES: C"

115.Equipo de seguridad opcional debe incluir números de teléfono de emergencia cadenas de llanta y?:

Equipo para cambiar llanta"

116.Usted está revisando sus frenos y el sistema de suspensión durante una inspección previa a un recorrido, ¿cuál de estos Es verdad?:

A. Ganchos de muelle o spring hangers que estén con grietas, pero todavía apretados no son peligrosos"

B. Solamente un leaf spring que falte no es peligroso"

*C. El pedal no debe tener aceite grasa o líquido de frenos"

(Según el manual)
LA RESPUESTA CORRECTA ES: C":

117.Deberían ser verificados seguido el ajuste de freno?:

Si porque los frenos pueden salirse de ajuste cuando se usan mucho"

118. Al manejar en la noche debería?:

Ajustar su velocidad para mantener su distancia de alto al alcance de su distancia de visión"

119.Rampas de escape?:

Deberían ser usadas por cualquier conductor que pierda poder de freno en su vehículo"

120.Se aproxima a un semáforo que ha estado en luz verde por mucho tiempo cual es la mejor manera de aproximarse al?:

Empiece a bajar su velocidad para que esté listo para parar"

121. ¿Qué quiere decir, frenar de emergencia?:

Responder a un peligro al bajar la velocidad del vehículo"

122.Cuál de estas oraciones sobre causas de incendios de vehículo Es verdadera?:

A. Cargar un extinguidor de incendio adecuadamente cargado lo ayudara en prevenir incendios"

*B. Ventilación de tráiler inadecuada puede causar que la carga se incendie"

C. Llantas mal infladas no causaran un incendio de vehículo"

(Según el manual)
LA RESPUESTA CORRECTA ES: B"

123. Durante una inspección checar?:

El nivel del líquido de la batería no ayudaría a evitar un incendio"

124. ¿Está manejando un vehículo de 40 pies a 35 mph el camino está seco y la visibilidad es buena, Cual es la mínima cantidad de espacio que debería mantener en frente de su vehículo para estar seguro?:

4 segundos"

125. Usted está revisando sus llantas previo a un recorrido Cual de estos Es verdaderos"

A. Llantas radiales biply pueden ser usadas juntas en el mismo vehículo"

*B. Llantas de diferente tamaño no deben ser usadas en el mismo vehículo"

C. 2/32 de pulgada entre surcos en el dibujo de la llanta es seguro para las llantas delanteras"

(Nota, 2/32 sería seguro en las ruedas traseras)

(Según el manual)
LA RESPUESTA CORRECTA ES: B"

126.Cuál de estos es especialmente verdadero sobre sus llantas en tiempo caliente?:

*A. Debería de verificar el montaje de las llantas y la presión de aire antes de manejar"

B. Una pequeña cantidad de aire debe ser soltada para que la presión de aire se mantenga fija"

C. Si una llanta está demasiado caliente para tocar, debería echarle agua con una manguera"

(Según el manual)

LA RESPUESTA CORRECTA ES: A"

127. Está manejando un camión nuevo, con transmisión manual. ¿Qué cambio o engrane probablemente tendrá que usar para tomar una pendiente larga y empinada?

Un cambio más bajo del que usaría para subir la pendiente"

128. ¿Cuándo dobla su velocidad, se toma aproximadamente?:

Cuatro veces más distancia para parar"

129.No tiene una Aprobación de Materiales Peligrosos en su licencia de Conductor Comercial. ¿Se le es pedido que lleve materiales peligrosos en un vehículo encartelado, debería?:

Rehusar transportar la carga."

130.Que es hidroplaneado?:

Puede ocurrir al manejar atraves de un charco"

131.Cual es una buena cosa que recordar al cruzar o entrar al tráfico con un vehículo pesado?:

Vehículos pesados necesitan aberturas más grandes en tráfico que los carros.

132. Se le ha puesto fuera de servicio por 24 horas si su concentración de alcohol en la sangre o BAC es?:

Por lo menos .04 por ciento"

133.Cuando es necesario aprender cómo trabaja un
extinguidor de incendios"

Antes que ocurra un incendio"

134.Cuál es una buena cosa que hacer cuando se maneja
en la noche?:

Mantenga su velocidad lo suficientemente lenta para que
pueda parar a la distancia de la luz de sus faros"

135. ¿Usted debe señalizar para parar en una pendiente
o curva en una calle de dos carriles y dos sentidos,
que tan lejos para que otros puedan ver su vehículo?:

500 pies atrás del vehículo"

136. ¿Cuándo está parado en una carretera de un solo
sentido o dividido, debería acomodar triángulos
reflexivos a?:

10 pies, 100 pies y 200 pies hacia el tráfico que viene
hacia usted"

137. ¿Al prender un autobús en una superficie nivelada
con buena tracción, es sabido que no hay necesidad de?:

El freno de mano"

138.Debería usar su cinturón de seguridad en un
vehículo moviéndose?:

Sí, Todo el tiempo"

139.Al mirar adelante de su vehículo mientras maneja usted debería ver:"

Atrás y adelante, cerca y lejos"

140.Concentimiento Implícito o (Implied Consent) quiere decir?:

Que ha dado su consentimiento para ser examinado por alcohol en su sangre"

141.Una razón que los tanques de mercería o granel seca o (dry bulk) requieren cuidado especial es?:

Que la carga se puede desplazar"

142.Debería evitar manejar a través de charcos hondos o agua corriendo, Pero si es que tiene que hacerlo. ¿Cuál de estos pasos pueden ayudar a que sigan funcionando sus frenos?:

A. Prendiendo sus calentadores de freno"

B. Poniendo presión alta en los dos, el pedal de freno y el acelerador después de salir del agua"

C. Delicadamente poniendo lo frenos mientras maneja por el agua"

(según el manual)
LA RESPUESTA CORRECTA ES: C"

143.Cual de estas No es conocimiento requerido para conductores necesitando la aprobación de materiales peligrosos?: (ojo con este tipo de preguntas)

A. Cuando usar cartel"
B. Química básica"
C. Que productos pueden ser cargados juntos"

LA RESPUESTA CORRECTA ES: B":

144.Un carro de repente se mete enfrente de usted,
creando un peligro.
¿Cuál de estas acciones NO debería tomar?:

A. Bajar su velocidad para prevenir un choque"

B. Señalar y cambiar carriles para evitarlo"

*C. Sonar su bocina y mantenerse detrás del coche"

(según el manual)
LA RESPUESTA CORRECTA ES: C":

145.En manejo de montañas tendrá que usar un cambio más
bajo para manejar seguramente en las pendientes. ¿Cuál
de estas no afectará su elección de engrane?

A. El peso de la carga"

B. Longitud de la pendiente"

*C. Tipo de dibujo de la llanta o tire tread"

(según el manual)
LA RESPUESTA CORRECTA ES: C"

146.Cuál de estas oraciones sobre poner en reversa a un
vehículo pesado NO es verdad?:

A. Debería usar un ayudante y comunicar con señas de mano"

*B. Porque no puede ver, debería poner reversa lentamente hasta que ligeramente golpee el muelle"

C. Debería ponerse en reversa y voltear hacia el lado del conductor cuando sea posible"

LA RESPUESTA CORRECTA ES: B"

147.Al manejar en la noche debería?:

Ajustar su velocidad para mantener su distancia de alto al alcance de su distancia de visión"

148. ¿Por su seguridad, al poner triángulos reflectivos debería?:

Detener los triángulos entre usted y tráfico que viene hacia usted"

148.Un concepto principal que recordar sobre empacar carga es mantenerla?:

Balanceada en el área de carga"

149.Despues de prender el motor?:

La temperatura del refrigerante debería empezar un aumento gradual al nivel normal"

150.Porque es importante hacer cambios de velocidad correctamente?:

Para (Mantener control del vehículo)"

151. ¿Si es que debe de cruzar hacia el carril que viene hacia usted mientras de la vuelta, debería?:

Observar para el tráfico que venga hacia usted"

152. ¿Cuándo está estacionado en el otro lado de la calle en la noche, debería?:

Prender sus luces intermitentes de 4 direcciones de emergencia (4 way emergency flashers) para advertir a otros.

153.Como afecta el peso del vehículo al parar?:

Camiones vacíos pueden tardarse más en parar que si estuvieran llenos, pero esto normalmente no es el caso para autobuses

154.Cuál de estos NO es verdad sobre frenar en una situación de emergencia?:

A. Deberá evitar usar los frenos hasta que su velocidad sea más baja que 40 mph"

*B. No es importante cómo frene en una situación de emergencia"

C. Debería frenar en una manera que mantenga su vehículo en una línea derecha (recta)"

RESPUESTA CORRECTA ES: B"

155.Está manejando en un área con pocos faros en una noche despejada, si no puede ver bien con los faros de su vehículo. ¿Cuál de estas acciones puede ayudar?:

A. Apague su luz interior y ajuste las luces de sus aparatos a una intensidad más alta"

*B. Use sus luces altas cuando sea legal y mantenga su luz interior apagada"

C. Encuentre otra ruta que este mejor alumbrada, aunque este fuera de su camino"

LA RESPUESTA CORRECTA ES: B"

156. ¿Al manejar en la noche, debería usar sus luces bajas cuando viene un vehículo hacia usted, al alcance de?:

 500 pies"

157.Cual de estas es verdad sobre horas de servicio?:

A. Debe descansar después de cada 2 horas de manejo"

*B. Debería balancear sus horas de servicio con suficiente tiempo de dormir para mantenerse alerta"

C. Después de trabajar 1000 horas de servicio estará libre de ciertas regulaciones"

LA RESPUESTA CORRECTA ES: B"

158.Debería usar sus espejos para verificar?:

Donde está la parte trasera de su vehículo mientras da vuelta"

159.Cuales de estos NO es un peligro de la aceleración brusca?:

A. Daño al enganche (coupling)"

*B. Daño a las llantas"

C. Daño mecánico"

LA RESPUESTA CORRECTA ES: B"

160.Rampas de escape de camión?:

No son para autobuses"

161.Cual de estas probablemente No ayudaría si su parabrisas o windshield se llenara de hielo?:

A. Rascador"

B. Descongelador"

*C. Cepillo"

LA RESPUESTA CORRECTA ES: C"

162.El efecto de freno de motor es máximo cuando el motor está?:

Cerca de las gobernadas RPM's y la transmisión está en los cambios de velocidad más bajos"

163.Que le pasa a la brea o (tar) en el pavimento de la calle durante el tiempo de calor?:

Sangra, haciendo la superficie de la calle resbalosa"

164.Cuál de estas puede ser una señal de fallo de llanta?:

*A. Vibración

B. Llantas patinándose

C. Un fuerte ruido de silbido

LA RESPUESTA CORRECTA ES: A"

165. ¿Al acercarse a un puente en un camino de dos carriles, usted debería?:

Verificar los límites de peso del puente"

166.Cómo corrige una patinada de aceleración de las llantas de atrás?:

Deje de acelerar"

167.Si su camión tiene un sistema de freno de aire doble o (dual air brake system) que funciona correctamente y tanques de aíre de tamaño mínimo la presión de aíre debería incrementarse de 85 psi a 100 psi entre?:

45 segundos"

168.Cuales de estos No es el tiempo adecuado para aplicar los frenos de estacionar?:
(Ojo con la pregunta)

A. Solo va a estar parado por menos de una hora"

B. Si va a probar el freno de estacionar para asegurar que puede detener el vehículo"

*C. Si los frenos están muy calientes por ejemplo después de bajar una pendiente muy empinada"

LA RESPUESTA CORRECTA ES: C"

169.Durante manejo normal los frenos de muelle o (Sprint brakes) son detenidos generalmente por?:

Presión de aire"

170.Que debería hacer si se siente inseguro de tener suficiente espacio para librar un obstáculo de por arriba de su vehículo?:

Encuentre otra ruta que no requiera que maneje debajo del objeto"

171.Cuál de estos NO es un tipo de retardador (retarder)?:

A. Eléctrico"
*B. Robótica"
C. Hidráulico"

LA RESPUESTA CORRECTA ES: B"

172.Cual de estos Es una buena cosa que hacer al virar
para evitar un choque?:

*A. No de más vuelta de lo que sea necesario para
evitarlo"

B. Aplique los frenos mientras da vuelta"

C. Evite contragirar"

LA RESPUESTA CORRECTA ES: A"

173. ¿Al manejar en tiempo frío, el dibujo de la llanta
(tire tread) debería?:

Dar suficiente tracción para dar vuelta y empujar el
vehículo a través de la nieve"

174.Cual es la razón más importante para revisar el
camión o autobús?:

Por (Seguridad)"

175.Cuál de estas oraciones sobre el manejo de
velocidad es verdadera?"

A. Superficies de calles se congelarán antes que los
puentes"

B. Partes con sombra en la calle ofrecen mejor tracción
que otras áreas al abierto"

*C. Cuando el camino está resbaloso, le tomará más
tiempo parar y será más difícil dar vuelta sin
patinarse"

LA RESPUESTA CORRECTA ES: C":

176.Si necesita dejar la calle en una emergencia de tráfico debería?:

Evite frenar hasta que su velocidad haya bajado a aproximadamente 20 mph"

177.Cuál es la mejor opción para conductores al manejar en neblina?:

A. Checar sus llantas para asegurar no tener problemas"

*B. Permanecer en una parada de camiones hasta que la neblina se haya levantado"

C. No maneje demasiado lejos que otros conductores pueden apartarse de su vehículo"

LA RESPUESTA CORRECTA ES: B"

178. ¿En caso de falla de llanta, las llantas dobles?:

Generalmente evitaran que la parte trasera del vehículo se colee"

179.Cual de estas oraciones sobre acelerar es verdadera?:

A. Usar el freno del tráiler al empezar el movimiento"

*B. Acelerar bruscamente puede causar daños mecánicos"

C. Usted debería sentir un movimiento de tironeo si está acelerando bruscamente"

LA RESPUESTA CORRECTA ES: B":

180.Cual de estos Es verdad sobre persianas o shutters del radiador delantero invierno o winterfront (parrilla de invierno) durante el manejo en invierno?:

A. El delantero invierno o winterfront (parrilla de invierno) debería estar cerrado apretadamente"

*B. Hielo debería ser removido de las persianas o shutters del radiador"

C. El motor se puede sobre calentar si se deja abierto el delantero invierno o winterfront (parrilla de invierno)"

LA RESPUESTA CORRECTA ES: B"

181. ¿Cuál de estos No es parte de una inspección del compartimento del motor, previa a un recorrido?:

A. Desgastada protección de aislamiento en cables eléctricos"

*B. Espacio entre las válvulas"

C. El nivel del aceite del motor"

LA RESPUESTA CORRECTA ES: B"

182.Cual Es cierto sobre el ajustamiento de los espejos?:

*A. Debería de ajustar sus espejos antes de empezar"

B. Los espejos pueden ser ajustados correctamente aun cuando el tráiler no este derecho"

C. Puede ajustar sus espejos al manejar"

LA RESPUESTA CORRECTA ES: A"

183.Un camión aumenta su velocidad en una pendiente por?:

Fuerza de gravedad"

184.Cadenas de llanta?:

Siempre deberían estar disponibles al manejar en tiempo de invierno"

185.Sobre el uso del calentador (calefacción)?"

Al manejar en tiempo de invierno, usted debería checar que el calentador este trabajando propiamente antes de empezar el recorrido"

186.Sobre el uso de drogas mientras maneja?:

Drogas de prescripción son permitidas si el doctor dice que las drogas no afectarán su habilidad de manejar en una manera segura"

187.Cuantas hojas del (spring leaf) que falten o que estén rotas en en cualquier (leaf spring) pueden causar que un vehículo comercial sea puesto fuera de servicio?:

Un cuarto del número total"

188.Espejos convexos (encurvados)?:

Enseñan un área más amplia que los espejos planos"

189.El propósito de los retardadores(retarders) es?:

Ayudan a bajarle la velocidad al vehículo al manejar y
reducen el desgaste de los frenos"

189.Que debería hacer cuando su vehículo hidroplanea
(hydroplanes)?:

Soltar el acelerador"

190.Cuál de estas Es verdad sobre materiales
peligrosos?"

*A. Todo material peligroso presenta una amenaza a la
salud y seguridad"

B. Todo camino publico permite camiones cargando
materiales peligrosos si están cargados correctamente"

C. Todo camión cargando cualquier cantidad de
materiales peligrosos debe tener carteles"

LA RESPUESTA CORRECTA ES: A"

191.Porqué es peligroso un sistema de escape (exhaust
system) roto?:

Gases venenosos pueden entrar a la cabina o camarote de
dormir (sleeper berth)"

192.Cuál de estas oraciones de enviar materiales peligrosos Es verdad?:

A. Cilindros de gas que no detengan una etiqueta deben ser enviados debajo de una cubierta"

B. Una etiqueta de materiales peligrosos de 4 pulgadas, en forma de circulo y roja debe estar en el receptáculo"

*C. Una etiqueta de materiales peligrosos de 4 pulgadas, en forma de diamante debe estar en el receptáculo"

LA RESPUESTA CORRECTA ES: C"

193.Para prevenir un choque, tuvo que manejar al acotamiento derecho (right shoulder). Está manejando a 40 mph en el lado de la carretera. ¿Cómo debería regresar a la carretera?:

Si este libre acotamiento, quédese en él, hasta que su vehículo llegue a detenerse. Después regrese al pavimento cuando sea seguro"

194.Al cruzar las vías del tren en cual se podría atorar el tráiler?:

 En el (Doble riel)"

195.Quien es responsable de la carga del camión cuando se pasa de peso?:

 El dueño de la mercancía"

196.Que porcentaje de alcohol debe tener una persona (conductor) para ponerla fuera de servicio?:

Cualquier porcentaje"